AF465742

LE CHAMP
DE
BATAILLE DE SEDAN

DU MÊME AUTEUR

CAMPAGNE DE 1870

PARIS ASSIÉGÉ (*Septembre 1870, Janvier 1871*). 1 vol. chez Lemerre.

LA FRANCE ENVAHIE (*Forbach et Sedan*). 1 vol., chez G. Barba.

SOUS PRESSE :

CHEZ LEMERRE

LA GUERRE SAINTE (*Septembre 1870, Janvier 1871. — Strasbourg et Metz, Châteaudun, Coulmiers, Patay, Villersexel, le Mans, l'Armée du Nord et l'Armée de l'Est*). 1 vol.

LA GUERRE SOCIALE (*Le 18 Mars et les Journées de Mai. — La Commune de Paris, La Liberté et la Terreur*). 1 vol.

PARIS. — IMPRIMERIE J. CLAYE, 7, RUE SAINT-BENOIT. — [130]

LE CHAMP

DE

BATAILLE DE SEDAN

(1er Septembre 1870)

PAR

JULES CLARETIE

PARIS

ALPHONSE LEMERRE, ÉDITEUR

47, PASSAGE CHOISEUL, 47

—

M DCCC LXXI

Les pages qu'on va lire ont été imprimées pour la première fois dans la Revue des Deux Mondes, *tandis que Paris assiégé et en proie à mille maux avait à peine, devant les douleurs présentes, le temps de songer aux douleurs passées. Je n'y ai changé que quelques lignes.*

Ce lugubre tableau d'un champ de bataille parut consolant malgré ses horreurs, parce qu'il défendait la cause des soldats sacrifiés et qu'il accusait à la fois l'incroyable sottise des chefs. Paris, face à face avec le danger, pouvait déjà et savait d'ailleurs entendre la vérité, quelque dure qu'elle fût.

Notre travail n'est point cependant un plaidoyer; c'est un résumé sincère de nos impressions et un jugement que l'ennemi lui-même n'essayera pas d'infirmer, car, les Allemands le reconnaissent (et on le verra en lisant ce qui suit), si l'administration impériale, les généraux de cour, l'intendance et surtout le César d'aventure qui menaient nos légions aux combats ont donné, dans ces campagnes désastreuses, les preuves d'une incapacité fantastique et parfois d'une criminelle ou douteuse conduite, les soldats, les inconnus, les oubliés et les petits ont sauvé plus d'une fois la vieille renommée française et l'honneur national dont tant d'autres se souciaient si peu.

Et voilà pourquoi ces pages sont en quelque sorte consacrées au douloureux souvenir de ces ignorés, de ces martyrs enfouis dans la terre envahie, et dont les corps, comme disait d'Argenson à Voltaire, forment pour ainsi dire « le plancher de la Victoire. »

LE CHAMP

DE

BATAILLE DE SEDAN

La France a éprouvé depuis trois longs mois tant d'autres émotions, elle a passé par tant d'angoisses et d'espérances, qu'il me semble entreprendre le récit d'un événement lointain en venant aujourd'hui parler de Sedan. La douleur, il est vrai, n'est point calmée, la plaie ouverte est toujours saignante dans les âmes françaises, et d'ailleurs il appartient aux témoins de ces catastrophes de dire ce qu'ils en ont vu, et d'apporter au procès désormais évoqué devant le tribunal de l'histoire leurs sincères dépositions. Il me semble du reste remplir un devoir de justice en montrant ce qu'était notre armée, notre armée écrasée plutôt que vaincue, et ce qu'en ces terribles journées furent nos malheureux soldats. Pleins d'ardeur, habitués à vaincre, allant à ces combats nouveaux avec le souvenir de leurs gloires passées et l'espoir de futurs hauts faits, ils devaient bientôt sentir que la bravoure est parfois inutile, l'héroïsme impuissant, lorsque l'emploi de ces mâles vertus est confié à des capitaines inhabiles, à un chef d'armée irrésolu, sans capacité et sans énergie. Se voyant sacrifiés, ils firent pourtant leur devoir. L'esprit d'initiative et la science qui manquaient aux généraux furent remplacés par le dévouement du soldat. Si l'intrépidité personnelle et la force d'âme pouvaient triompher d'une discipline de fer et de masses innombrables, nos soldats, malgré les fautes de leurs chefs, eussent à coup sûr battu l'ennemi. N'ayant pu vaincre, ils ont payé de leur sang, et l'esprit de sacrifice, quoi qu'on en ait dit, le dévouement au pays, en un mot la conscience même de la patrie, s'étaient réfugiés dans l'âme de ces humbles et de ces vaillants. Le récit qui va suivre est consacré à la mémoire de ces glorieux vaincus. On pourrait se demander, en lisant ces pages attristées, pourquoi une plume française a retracé ces douloureuses et navrantes images, si un sentiment fortifiant ne se dégageait de toutes ces douleurs. Regardons la réalité en face, nous ne pouvons qu'en être raffermis. Plus le mal fut grand, plus il importe de le réparer. La France, loin de se laisser abattre par le malheur, ne vient-elle point d'y puiser un sentiment de superbe énergie qui seule peut la sauver?

I.

L'armée de Mac-Mahon, défaite à Frœschwiller à Reischoffen et à Wœrth, s'était, par Sarrebourg et Nancy, repliée sur Châlons, oubliant de couper le tunnel de Saverne, qui eût arrêté plusieurs jours l'ennemi dans sa marche. La division Douay, dont le brave général Pellé avait pris le commandement à Wissembourg, descendait même pour se rallier jusqu'à Neufchâteau, et regagnait ensuite la Veuve et le Mourmelon, où elle se réformait péniblement, comblant avec de jeunes recrues les vides faits par la mitraille dans les rangs des zouaves et des turcos. C'était un spectacle douloureux et pourtant superbe encore que celui de ces soldats qui, décimés par le fer, amaigris par les privations, brisés par la fatigue, les vêtements en lambeaux, en grand nombre blessés, fuyaient l'ambulance et ne demandaient qu'à combattre. A la vue de ces cuirassiers aux crânes enveloppés de linges, aux cuirasses bosselées par les biscaïens, on songeait à ces guerriers épiques, au *Trompette blessé* de Géricault. Les mobiles de la Seine, campés dans la plaine crayeuse de Mourmelon, regardaient d'un œil attendri et respectueux ces hommes échappés aux combats meurtriers des premiers jours d'août, débris imposants de la plus énergique armée du monde, la vieille et légendaire armée d'Afrique.

Du reste, en voyant toutes ces troupes, grossies des corps d'armée venus de Lyon et de Belfort, se masser autour de Châlons et prendre position dans ces plaines et sur ces collines où la stratégie militaire française s'exerçait depuis plusieurs années à choisir des champs de manœuvres et de batailles simulées, personne ne doutait que Mac-Mahon ne livrât bientôt de ce côté un combat suprême. Nous avions pour nous la plus admirable et la plus redoutable situation. En effet, il semble que ces plaines où vint se briser Attila soient le champ de victoire de la France. Les blancs coteaux de la Champagne forment en ce lieu un amphithéâtre d'où notre artillerie, nombreuse, renouvelée, comptant plus de 400 canons et 70 mitrailleuses, pouvait facilement écraser l'ennemi. Personne n'hésitait à croire que l'action décisive de cette guerre ne dût se livrer dans ces champs catalauniens que Jornandès nous montre ruisselants du sang des Huns.

Les soldats y comptaient d'ailleurs, et se préparaient à la lutte. Rangée en bataille, l'armée paraissait chaque jour attendre le choc de l'ennemi, qui s'avançait à marches forcées par la vallée de l'Aube. Les Prussiens, disait-on le 18 août, étaient entrés dans Troyes, ils occupaient Arcis, on entendait déjà le grondement de leurs canons dans la direction de Vitry. Une partie de l'armée du général de Failly abandonnait alors Vitry et se repliait sur l'armée de Mac-Mahon. Blancs de poussière, écrasés de lassitude, ces malheureux soldats, musique en tête, traversaient Châlons en demandant à grands cris le combat et la vengeance de Forbach. Quelle que fût la violence du choc subi dans cette journée doublement néfaste du 6 août, l'espoir renaissait dans les âmes, et on ne songeait plus qu'à laver la tache imprimée au drapeau par les défaites de Spickeren et de Frœschwiller.

Seuls, quelques officiers des grades inférieurs, de ceux qui, au péril de leur vie et l'épée au poing, avaient essayé de réparer par leur intrépidité personnelle l'incurie des généraux, — seuls, ces sacrifiés de la bataille et de l'histoire hochaient la tête et n'envisageaient point sans appréhension l'avenir. Ils voyaient les cadres détruits, les corps d'officiers terriblement réduits, incomplets, les chefs commander à un trop grand nombre de soldats et ne les tenant plus « dans la main ; » ils voyaient le désordre administratif mettre à néant les résolutions les plus fières et l'héroïsme le plus absolu. Tous n'en étaient pas moins décidés à faire leur devoir. On se fortifiait autour de Châlons, on envoyait à Paris la mobile de la Seine, qui n'était point assez exercée encore pour prendre part à la lutte. On s'attendait toutes les nuits à un échange de coups de feu entre les avant-postes et les uhlans du prince royal de Prusse. Aussi quel ne fut pas l'étonnement de l'armée et des habitants de Châlons lorsqu'on apprit qu'on abandonnait ce champ de bataille en quelque sorte classique pour se replier sur Reims! En une journée, tout fut brûlé de ce qui faisait l'approvisionnement et le matériel du camp. Sur l'ordre du maréchal, on mit le feu aux fourrages qu'on ne pouvait emporter, aux baraquements, à ces sortes de blockhaus construits à Mourmelon depuis des années, et on se livra à cette œuvre de destruction avec tant de hâte qu'on ne prit pas le soin de garder les avoines et la paille, dont à Reims la cavalerie et les troupes manquèrent dès le lendemain.

Reims ne pouvait être d'ailleurs que la première étape d'une marche vers un point stratégique, qui, selon toute probabilité, serait ou Grand-Pré ou Valmy. Nous sommes assez fatalistes en France, et pour la seconde fois on inclinait, comme au temps de Dumouriez, à faire des défilés de l'Argonne les Thermopyles françaises. Sans nul doute, puisqu'on abandonnait un terrain depuis si longtemps étudié, puisqu'on se décidait à rejoindre Bazaine, vainqueur à Gravelotte, mais enfermé dans le cercle même de sa victoire, il semblait certain qu'on marcherait droit à lui par Verdun, Manheulle et Gorze, et le bruit se répandait même que notre avant-garde s'était déjà portée sur Sainte-Ménéhould.

C'est de ce côté qu'il fallait essayer d'opérer la jonction avec Bazaine pour dégager l'armée de Metz, qui se débattait à Mars-la-Tour, à Rézonville et à Saint-Privat. Si les renseignements étaient exacts, on ne pouvait trop se hâter. Un garde mobile parisien, venu de Metz seul, à cheval, après avoir traversé les lignes prussiennes, apportait au camp de Châlons la nouvelle que Bazaine manquait déjà de munitions. Trente wagons contenant chacun un million de cartouches, expédiées à Montmédy et destinées au maréchal, ne pouvaient aller plus loin; une partie de l'armée du prince Frédéric-Charles occupait Briey et remontait déjà vers la frontière de Belgique. Le succès d'un mouvement vers Metz dépendait surtout de la rapidité de l'exécution. Il fallait se décider à tenir tête au prince royal, qui arrivait par la vallée de l'Aube; il fallait lui disputer le passage avec Paris derrière soi, ou bien, par une marche en quelque sorte foudroyante, il fallait aller droit à Frédéric-Charles et l'attaquer par derrière, tandis que nos troupes repliées sous Metz l'aborderaient de front dans un combat à outrance. Les jours, les heures, en un pareil moment, étaient des siècles, et les heures s'écoulaient, les jours passaient sans qu'on prît une décision. Enfin un matin, le 23 août, par un temps pluvieux et triste, l'armée du camp de Châlons, les 120,000 hommes de Mac-Mahon, quittèrent Reims dans le petit jour frileux et bleuâtre d'une atmosphère humide. Ils marchaient lentement sous l'ondée et dans la boue, les drapeaux dans leurs gaînes noires, les étendards des ambulances retombant mouillés le long des hampes, les mitrailleuses enveloppées de leurs espèces de muselières ou de masques de cuir, et cette armée, se déroulant le long des routes, entendait la sonnerie lugubre des cloches de Notre-Dame de Reims, qui leur envoyait à travers la pluie je ne sais quel funèbre adieu.

Nul ne doutait que nos soldats ne fussent dirigés sur Varennes ou Verdun. Comment s'imaginer qu'une masse d'hommes aussi considérable irait, comme de gaieté de cœur, s'engager dans ce difficile passage, dans cette sorte de couloir demeuré libre entre l'armée prussienne et la Belgique? Aller là, c'était s'exposer aux dangers les plus évidents, les plus difficiles à éviter; point de retraite possible : devant soi l'ennemi, derrière soi la frontière. Battu, il fallait se rejeter sur la terre neutre et se laisser désarmer par les corps d'observation belges échelonnés de Namur à Arlon. Quelle étrange combinaison stratégique, dont les périls éclatent aux yeux du plus ignorant dans la matière pour peu qu'il interroge une carte géographique! L'histoire dira, il est vrai, s'il n'entrait pas dans l'esprit de quelques-uns et surtout de l'empereur un désir caché de se rapprocher d'une frontière où l'on pouvait du moins trouver un asile en cas de revers. Je n'ai point suivi l'armée dans sa marche vers les Ardennes. Je quittais Reims à l'heure où le départ du prince impérial pour Rethel, départ qui forçait trois trains de pauvres soldats affamés à demeurer en gare durant plusieurs heures, occasionnait cette révolte, ce désordre, ce pillage de voitures de pains par les troupes, — triste et pénible scène dont les journaux ont alors entretenu le public. Les soldats étaient exaspérés. Leur indiscipline venait des hésitations et de la démoralisation visible des chefs. On dirigeait les troupes sur Rethel : de là, elles devaient se porter sur Stenay et Montmédy, et rejoindre l'armée de Metz à travers les Ardennes; mais, il faut le redire, le mouvement était commencé trop tard. Le prince Frédéric-Charles, prévenu, lançait de petits corps d'armée de Briey à Longwy et à Montmédy, bataillons ou escadrons qui inquiétaient les populations, se montraient partout, occupaient les villages, apparaissaient ou disparaissaient, suivaient nos soldats comme à la piste, et, éparpillés mathématiquement, manœuvraient de façon à se masser aux jours de combat. D'un autre côté, le prince royal, arrivé à Châlons, rebroussait chemin et marchait à la rencontre de nos troupes, qu'il voulait prendre à revers. Peu importait ce danger, si, mettant à profit l'élan français, nos généraux eussent regagné au dernier jour le temps perdu à Châlons ou à Reims; mais il suffit de lire les dépêches officielles datées de ces journées de marche pour se rendre compte de l'incapacité de nos officiers. Cette incapacité atteint des proportions ironiquement douloureuses. Tant de désordre a l'air d'une gageure. L'empereur cherche son armée, s'inquiète, interroge, tâtonne; les généraux, mal assurés, n'en savent pas plus que lui. Tout se fond et se confond comme dans un brouillard, et on frémit si l'on compare ces corps d'armée hésitants aux soldats esclaves d'un plan de campagne depuis longtemps mûri, aux adversaires si terriblement automatiques qu'ils ont à combattre.

Postés le long de la frontière, les grenadiers et les artilleurs belges assistaient sérieusement émus à cette lutte, qui se déroulait presque sous leurs yeux. — On a beaucoup médit de la Belgique avant cette guerre, et on s'est singulièrement mépris sur les sentiments qui l'animaient. La Belgique était loin d'être hostile à la France. Inquiète à bon droit des projets et des ambitions de l'homme qui tenait alors les destinées de notre pays, elle pouvait à coup sûr souhaiter intérieurement la défaite de l'empereur; mais assurément aussi elle gardait au fond de son cœur un sentiment de dévouement fraternel pour la France et le peuple français.

Combien de fois avons-nous été touché, touché jusqu'aux larmes, par les marques de sympathie et l'amicale effusion qui accueillaient un soldat français réfugié sur la terre belge! Il n'y avait là rien de joué, rien d'apprêté. Les populations wallones, françaises de langage et de souvenirs, frémissaient en entendant gronder vers Longwy le canon prussien; elles se portaient en foule à la frontière, attendant les blessés, les encourageant, les consolant, les soignant, et l'armée belge, j'en puis témoigner, un peu grisée par cette odeur de poudre et de salpêtre qui lui venait de France, se sentit plus d'une fois prise de cette sorte de fièvre que Dante appelle l'appétit de la rixe et du combat.

A Givet, où je demeurai, on s'occupait d'armer la citadelle, une des plus fortes du pays, juchée comme un autre Gibraltar sur une colline rocailleuse, et qui, se dressant en pleins nuages, semble défier l'assaut; mais à Givet, comme partout, l'administration avait laissé les fortifications sans canons, sans affûts, sans munitions. Les Ardennais des environs accouraient, cherchant à Givet un refuge que le château fort, aussi difficile à défendre que s'il eût été démantelé, ne pouvait leur offrir. On construisait en hâte des remblais, on exerçait les jeunes gens du pays, et des paysans mobilisés montaient la garde en blouse bleue auprès des canons servis par des artilleurs volontaires. Cependant le bruit se répandait peu à peu de succès obtenus çà et là sur les Prussiens. Des récits de victoires agitaient la petite ville, et ce n'était pas sans émotion qu'on voyait ces femmes, ces enfants, ces gens inquiets, se rattacher soudain à toutes ces frêles espérances. Les Prussiens avaient été battus à Buzancy, d'autres disaient à Attigny. On parlait vaguement d'une rencontre à Varennes, de canons pris, de uhlans défaits. Ce qui était certain, c'est que des francs-tireurs avaient brûlé, en y jetant du pétrole enflammé, les bois de Mont-Dieu et des Grandes-Armoises, où s'étaient réfugiés et tapis les Prussiens comme avant Wissembourg et Forbach. Tout à coup, au milieu de ces bruits rassurants, que chacun de nous acceptait avec cette crédulité facile qu'on accorde aux nouvelles ardemment désirées, la nouvelle nous arriva des combats de Beaumont, de Mouzon et de Carignan.

A Beaumont, le 30 août, le général de Failly, par un aveuglement inexplicable, redoutait si peu le voisinage des Prussiens, dont il ignorait la marche, que les boulets ennemis vinrent surprendre nos soldats établis en grande halte, les rangs mêlés, entre deux files de voitures de bagages sur la route, et pris en quelque sorte au milieu de ces carrioles de réquisition et de ces *impedimenta* de toute espèce. Qu'on s'imagine la situation d'une armée arrêtée ainsi et fusillée à l'improviste. Loin de la protéger, ces voitures, ces charrettes, ces chevaux qui piaffent ou tombent des deux côtés du chemin, ces paysans effarés qui lâchent les rênes et s'enfuient, tout la trouble, tout augmente le désordre. Au moment d'une agression soudaine, furieuse, nos soldats, campés sans ordre de bataille, comme au hasard, étaient, par l'impardonnable faute du général, à demi vaincus avant d'avoir pu combattre. Ils résistèrent pourtant. L'ennemi leur opposait des forces considérables, une armée entière contre un corps comparativement faible. Les Prussiens continuaient leur système d'écrasement. En toute sincérité, les soldats du général de Failly combattirent un contre six. Le soir, malgré leur courage, la bataille était perdue; mais rien encore n'était définitivement compromis, et Mac-Mahon à la tombée de la nuit, envoyant de Carignan au général de Failly des renforts vigoureux, avait empêché que le nouvel échec du 5e corps ne se changeât en déroute.

La bataille devait recommencer le lendemain. L'ennemi comprenait qu'il ne fallait laisser aucun répit à ces troupes héroïques, mais épuisées et mal nourries, car ces soldats français — on hésite à l'écrire — mouraient de faim dans des villages français désertés, vides ou effrayés. L'ennemi, qui n'ignorait rien des difficultés auxquelles on se heurtait, redoublait d'audace. Après une journée de lutte, une nuit sans repos, nos soldats devaient combattre encore, et pour se soutenir ils avaient à peine mangé la soupe, bu quelques gorgées, ou dévoré, tout en marchant, un peu de pain.

La bataille de Carignan, plus terrible que le combat de Mouzon, fut aussi plus désastreuse; c'est elle en réalité qui a décidé du sort de la campagne, et l'effroyable journée du lendemain ne fut vraiment que la suite de cette mêlée ardente où, plus qu'en aucun autre combat peut-être, la lutte devint une boucherie, lutte corps à corps et combat d'artillerie. L'ennemi, décimé par nos mitrailleuses, revenait sur nous à la charge avec une épouvantable furie. Il vainquit, on peut le dire, à prix de sang. Les eaux rougies de la Chiers traînaient des cadavres allemands. Sous le feu des obus, dans l'incendie de Carignan, Mac-Mahon retrouvait son énergie militaire, cet héroïsme sublime de Reischoffen qui fait de lui, sinon un tacticien éminent, du moins un admirable soldat. Contraint de céder une fois de plus devant le nombre, il abandonna Carignan après l'avoir intrépidement défendu, et, chef d'armée encore vaincu, il eut du moins cette consolation amère de laisser à l'ennemi un champ de bataille où les morts prussiens et bavarois se comptaient par milliers. Le soir, l'empereur, écrasé par la défaite, télégraphiait à l'impératrice cette incroyable dépêche, datée de Carignan : « Il y a eu encore un engagement aujourd'hui sans grande importance. Je suis resté à cheval assez longtemps. »

Le 1er septembre, après les combats du Petit-Rémilly et de Bazeilles, à l'aube d'une journée sereine, le carnage, qui durait depuis trois jours, recommençait plus horrible. Mac-Mahon, replié sous le canon de Sedan, étendant son armée sur la rive droite de la Meuse, faisant face aux Saxons et aux Wurtembergeois postés à Rémilly et commandés par le prince de Saxe, va maintenant avoir contre lui toutes les forces de l'armée prussienne, excepté le corps d'armée du prince Frédéric-Charles, qui tient tête à cette heure même aux troupes de Metz, et recule un moment devant leur violent effort. Qu'on se figure ce coin de terre française inondé d'ennemis, fourmillant de troupes allemandes. Sur les collines qui enserrent Sedan et forment autour de la place comme un vaste cercle en entonnoir où la citadelle semble enfoncée, nos troupes, épuisées, harassées, avec l'amertume au cœur, sans confiance dans leurs chefs, sans espoir maintenant, sans autre foyer d'héroïsme dans l'âme que la rage sourde du soldat battu, — nos troupes sont désorganisées, railleuses ; elles jettent dans les rangs de tristes lazzis, des mots à double entente contre les généraux. Ces soldats rangés en bataille et naguère habitués à combattre au pas de charge, baïonnette baissée et fanfare au vent, ces soldats n'attaquaient plus : depuis trois jours, ils se défendaient ; ils se défendront encore.

Le corps du prince de Saxe occupe le centre de l'armée ennemie. A sa droite, de Brévilly à Pouru, les Bavarois, qui viennent d'incendier Bazeilles, attendent et se massent, renforcés de la garde royale prussienne. Ce sont les Bavarois qui doivent attaquer. Le matin venu, ils engagent un feu vif de tirailleurs sur la Moncelle, puis d'un élan à la baïonnette ils se jettent, cette fois la poitrine découverte, dans les rues du village. Nos soldats les repoussent; les Bavarois reculent, se reforment et reviennent. Cette position de la Moncelle, qu'il faut occuper à tout prix, est pour les Prussiens la clef même de la bataille. Les Bavarois ont le poste d'honneur et le poste de danger. Maison par maison, il faut attaquer la Moncelle, enlever les barricades des rues pavé par pavé. C'est une lutte exaspérée et furieuse où les morts bavarois s'entassent et s'écrasent dans la grande rue montante. On les voyait fauchés par grappes, les cadavres faisant appui aux cadavres, et ces morts demeuraient ainsi sans tomber. — La garde royale à la même heure attaquait Douzy, Rubecourt, petits villages adossés aux bois de l'Ardenne, blancs, coquets, enchâssés comme en des écrins verts, et où passait la mort, la mort furieuse et frappant sans relâche. De l'aube à onze heures du matin, nos soldats résistaient intrépidement, rejetaient dans leurs lignes ces grenadiers poméraniens et ces chasseurs de Munich; mais, tandis que les nôtres luttaient ainsi en désespérés, voyant se briser contre eux les bataillons ennemis, par une marche d'une rare prudence et d'une hardiesse singulière à la fois, une autre armée prussienne, la plus nombreuse, l'armée victorieuse de Wissembourg et de Wœrth arrivait comme à pas de loup sur le champ de bataille.

C'était l'armée du prince royal, l'armée que Mac-Mahon attendait à Châlons, qu'il eût peut-être anéantie là, et qui, débouchant à Mourmelon pour y trouver nos baraquements fumants encore, sans prendre de repos, subitement résolue à rejoindre l'adversaire qu'elle ne rencontrait pas, s'était aussitôt mise en marche, doublant les étapes, brûlant le terrain, par un de ces coups d'audace comparable à la fameuse marche de flanc qui harassa l'armée prussienne, mais décida la victoire à Sadowa. On attendait cette armée depuis deux jours. Le roi avait attaqué, certain que le prince royal arriverait au jour voulu. Le prince royal avait assurément entendu le canon de Carignan. Il redoubla de promptitude dans la nuit du 31 août au 1er septembre, et son armée, venant de Châlons par Vouziers, passait la Meuse à Donchery au moment même où les Bavarois attaquaient la Moncelle, et où le prince de Saxe tirait son premier coup de canon. Dès lors le prince royal pouvait faire entrer son armée en ligne. Il fit mieux, il fit rapidement longer à ses soldats le cours de la Meuse. Tout en prenant position sur la rive du fleuve, il lançait, contournant le champ de bataille, un corps d'armée sur

Floing et Givonne, tandis que la cavalerie, commandée par le prince Albrecht, le frère du roi de Prusse, pénétrait dans les bois de l'Ardenne, et, déployant de Flégneux à Pouru-aux-Bois ses uhlans, ses hussards, ses dragons, cachés, blottis derrière les arbres, attendait nos soldats qu'on allait ainsi prendre entre trois feux, pour leur couper la retraite.

A onze heures, nos troupes défendent avec un admirable et victorieux acharnement la Moncelle et le terrain de Bazeilles; elles forçaient, comme on l'a vu, les grenadiers de la garde royale à se replier devant elles à Rubecourt; elles tenaient en échec, elles allaient vaincre, elles allaient fairè reculer ces masses profondes des soldats de Prusse, de Saxe, de Baden et de Wurtemberg, toute l'Allemagne en un mot, lorsque brusquement, à onze heures, le canon du prince Fritz ouvre son feu sur Floing, sur Givonne, écrase de loin nos combattants étonnés, effarés de cette canonnade inattendue, de cet ennemi nouveau qui accourt avec des bataillons plus épais que les premiers. Les masses noires des Prussiens apparaissent partout, poussant leurs *hourras* sauvages [1], agitant leurs fusils, attaquant de face, de flanc, de toutes parts, cette intré-

1. C'est leur tactique réglementaire. Après avoir, à trois ou quatre pas de l'ennemi, exécuté plusieurs feux de salves, ils font un feu rapide, le feu à volonté (*Schnell-feuer*) et poussent ces

pide armée qui ne recule pas, qui lutte, qui espère encore.

Les heures passent dans cette résistance formidable et héroïque; mais le cercle de feu, de plus en plus meurtrier, de plus en plus nourri, se resserre autour de nos soldats. La mort est partout; l'artillerie prussienne, d'une portée terrible, prend position sur tous les points. Les boulets pleuvent dans les rangs français, et nos soldats aperçoivent à peine les batteries qui les écrasent. Ils se jettent à la baïonnette sur les collines d'où vient la mort; l'artillerie les abat avant qu'ils aient abordé les artilleurs. Onze cents pièces de canon foudroient à la fois de loin ces braves, habitués au combat à l'arme blanche; 300,000 hommes les entourent, les repoussent, les fusillent du fond des bois et du haut des coteaux. Alors l'armée, la malheureuse armée française, devant cette ceinture de fer, de feu, de balles et de mitraille, recule, redescend et s'enfonce dans cet entonnoir de Sedan, entouré maintenant d'une crête de batteries tonnantes.

Nos soldats essayent d'abord de percer, de trouer les lignes prussiennes; ils s'échappent et se frayent un passage par la Chapelle, par les bois de l'Ardenne, par la

cris de hourras qui doivent ressembler à ceux dont les Germains accompagnaient, dit Tacite, leurs *bardits* antiques. Cette race est identique à elle-même à travers les âges.

route ouverte de la Belgique. La cavalerie, les hussards de la mort, sortent des bois et les repoussent ou les sabrent. Ils se jettent vers Sedan, pressés dans les taillis, et les batteries prussiennes, du haut des coteaux de Givonne, mitraillent les sentiers et hachent à la fois les branches et les hommes. Devant ce nombre immense, devant ces milliers de canons, devant ce déploiement épouvantable de force brutale, nos troupes, décidées à résister, à disputer encore leur drapeau et leur existence à cette masse ennemie, mais écrasées, réduites à l'impuissance, rentrent, laissant leurs morts, généraux, officiers, soldats, sur ces coteaux de l'Ardenne, et 80,000 hommes vont s'enfermer, s'entasser dans ces murs désormais si tristement célèbres de Sedán.

II.

Le jour finissait. On n'entendait plus dans les campagnes, où tombait lentement le crépuscule, que les détonations dernières, les secousses et comme les suprêmes soupirs de l'armée. Des coups de canon retentissaient encore, protégeant la retraite et envoyant à l'ennemi une dernière menace avec un dernier boulet. Ceux des nôtres qui avaient pu franchir les lignes prussiennes, échapper à la cavalerie et aux obus, se répandaient par groupes égarés dans les villages de Belgique voisins de la frontière, à Paliseul ou à Bouillon. Des officiers, des soldats, frappaient aux portes des maisons, harassés, demandant un asile. A Bouillon, l'hôtel où devait s'arrêter deux jours après l'empereur était envahi, encombré. Des officiers de dragons s'entretenaient dans la salle commune des événements de la journée avec le prince Metscherski en uniforme de capitaine russe. Sur une table, un secrétaire de la légation française à Bruxelles rédigeait un compte rendu de la bataille; il télégraphiait à Paris que l'aile droite de notre armée avait légèrement plié, mais que l'aile gauche était complétement victorieuse. Paris a toujours été renseigné de la sorte.

Au loin, dans la nuit, de sinistres rougeurs s'élevaient à l'horizon; c'étaient, sur la lisière des Ardennes, des villages ou des fermes qui brûlaient, et rien ne faisait mieux sentir l'horreur de la guerre que ces terribles incendies qui éclataient sur tant de points à la fois. De minuit à six heures du matin, les convois de blessés sillonnèrent les rues de la petite ville; on recueillait ces malheureux partout : à l'hôpital, dans les cafés, dans les couvents des sœurs de charité, au collége, dans les maisons particulières. Le bourgmestre et les notables de Bouillon avait sur-le-champ mis une somme considérable à la disposition de nos pauvres soldats. Il y avait parmi les blessés deux officiers prussiens. Lorsqu'on voulut les désarmer, selon le droit des pays neutres, ils mirent la main sur leur épée et refusèrent de la livrer. A la nuit tombante, une escouade de francs-tireurs parisiens de la légion Laffont-Mocquart s'était réfugiée sur le territoire belge, poursuivie par un escadron de hussards de la reine. Le capitaine belge qui gardait de ce côté la frontière agita aussitôt son mouchoir au bout de son sabre. Le chef d'escadron prussien, un jeune homme, accourait, le sabre haut et le visage enflammé, sur les fuyards. « Ces messieurs ne sont plus à vous, dit le capitaine belge, ils sont maintenant sous la protection de la Belgique. » Ironique, l'air hautain, le cavalier prussien — j'ai su depuis qu'il s'appelait M. de Vandergreuben — fit signe à ses hussards de s'arrêter, tira sa carte géographique, vérifia froidement si la ligne frontière était réellement franchie, puis, repliant sa carte, salua l'officier belge sans dire un mot, et repartit au galop, suivi de ses soldats, vers la France. A quelques pas, au tournant d'un chemin, un tirailleur français, qui guettait depuis un moment ce bel officier à l'uniforme rouge, l'étendit roide d'une balle à la tempe.

Après les émotions d'une telle journée, il nous avait été impossible de dormir, et dès le matin, partant de Bouillon, nous prenions à nos risques et périls la direction du champ de bataille. Cette jolie ville de Bouillon, avec son fier château de teinte rousse, le château du croisé Godefroy, souriait, malgré la tristesse de l'heure présente, sous ce soleil levant qui caressait au sommet des tours le drapeau belge aux trois couleurs. On eût pu croire, tant ces rues, hier tumultueuses et effrayées, étaient ce matin calmes et paisibles, que le bruit formidable de la veille n'était qu'un rêve; mais tous nous fûmes bien vite rappelés à la triste réalité. Près de la maison du bourgmestre, au bord de cette rivière de la Semoy si pittoresquement encaissée entre les pentes rapides des Ardennes, nous aperçûmes, paissant de leurs longues dents l'herbe de la rive ou buvant au courant de l'eau, une centaine de chevaux sans cavaliers, sellés encore et bridés, chevaux de dragons, de cuirassiers, d'officiers, de généraux, échappés de la bataille, maigres, épuisés, hennissant dans le vide comme pour appeler un maître qui sans doute n'était plus. La vue de ces animaux, à l'œil bon, intelligent et peureux, serrait le cœur, et l'on songeait aux morts en voyant ces selles tachées de sang, ces brides pendantes. Plus d'un, traînant encore son cavalier blessé ou quelque cadavre pris dans l'étrier, avait d'un galop vertigineux furieusement descendu cette pente abrupte, hérissée d'arbres, qui des bois de Flégneux et de Sugny va vers Bouillon, couverte de taillis et coupée comme un rocher à pic.

On n'entendait plus qu'à de rares intervalles le grondement du canon, parfois seulement des détonations sourdes passaient à travers bois; les gens de Bouillon reconnaissaient, disaient-ils, le son des grosses pièces de Sedan. Nous montions vers la frontière par la route encombrée de voitures chargées de matelas et de meubles, et ces familles de paysans, accourant en hâte vers la Belgique, me faisaient penser aux malheureux émigrants du roman de Goethe, *Hermann et Dorothée*. D'autres, campés au bord du chemin sous des abris de feuilles et de troncs d'arbres, comme des bohémiens en marche, faisaient timidement bouillir leur soupe, et nous regardaient d'un air inquiet, encore terrifiés du combat de la veille. Nous entendions parfois un craquement de branches dans les taillis, et quelqu'un qu'on n'apercevait point fuyait. C'était un pauvre diable qui au bruit de nos pas s'enfonçait au profond des bois, nous prenant pour des soldats prussiens.

Nous n'avions pas fait un kilomètre sur la route de France que des uhlans apparaissaient au détour d'un sentier. L'un d'eux, un sous-officier, parlait français; il fallut les suivre jusqu'au prochain village. C'était la Chapelle, où la veille à cinq heures avait fini la bataille. Nous venions de passer sur l'emplacement qu'avait occupé la dernière ligne de nos ambulances; la terre était encore couverte de lambeaux de drap, de linge et de charpie. Je n'oublierai jamais l'aspect désolé, si bien fait pour navrer une âme française, qu'offraient ce petit village de la Chapelle, cette grande rue en pente tout encombrée de débris, ces maisons aux toits enfoncés, aux volets brisés et arrachés de leurs gonds, ces portes jetées bas, ces fenêtres aux vitres cassées, cette église trouée de boulets, ces uniformes en loques jetés pêle-mêle au ruisseau avec des fusils inutiles, des sabres tordus, des épaulettes effiloquées. La voiture criblée de balles d'une cantinière occupait le milieu de la rue, et un petit drapeau tricolore flottait encore près du siége, portant le numéro du régiment. Non loin de là, un humble casque cuivré de pompier de village attira mes regards. Une balle l'avait troué par devant, et on voyait encore sur la visière du sang de quelque brave homme du pays, laboureur ou fermier, qui, l'heure du danger venue, avait simplement fait son devoir. Des femmes, des paysannes, erraient à travers les rues, arrachant et emportant quelque débris de ce qui avait été le bien-être du foyer.

Il y avait entre les deux armées un commencement de suspension d'armes. Un officier prussien nous apprit que la place de Sedan, menacée d'un bombardement, s'était rendue. La garnison entière se trouvait prisonnière. Quel événement! Qui pouvait y croire à une telle fin? Cette armée de Châlons, que j'avais vue naguère marcher au feu avec tant d'espoir, malgré les menaces de l'avenir, appartenait maintenant à l'ennemi! Je croyais à une fanfaronnade de l'officier;

celui-ci venait au surplus de nous apprendre en termes polis qu'ayant franchi les lignes prussiennes, nous étions, nous aussi, considérés comme prisonniers.

L'entretien avait lieu devant une auberge dont l'enseigne, grinçant sur sa tringle, portait ces mots : *Au Cheval blanc.* Il sortait de l'auberge un bruit de verres et d'assiettes. Des soldats y déjeunaient sans doute. Un gros homme à favoris gris, d'aspect débonnaire, vêtu d'une longue capote noire à boutons de cuivre lisse, parut sur le seuil de la porte, et, s'accoudant à la grille du perron, nous interrogea un moment. Il portait une casquette d'officier général. Tout en souriant, il nous confirma cette vérité, que nous étions prisonniers de guerre. « Mais, rassurez-vous, ajouta-t-il, il est probable qu'un armistice sera signé avant ce soir ; vous pourrez alors, je crois, retourner en Belgique. En attendant, allez et venez sur le champ de bataille, mettez-vous à la disposition des ambulances et rendez-vous utiles. » Il rentra dans l'auberge, et nous n'avions point fait dix pas dans le village qu'il reparut sur le perron et nous appela de loin. « Messieurs, dit-il, vous êtes ici au quartier général du prince Albrecht, et Son Altesse royale désire vous parler. »

Il y a dans l'armée prussienne et dans la famille royale de Prusse deux princes Albrecht, le père et le fils. Le fils est colonel de dragons, le père, qui est frère du roi, commande en chef la cavalerie de l'armée.

Il vit la plupart du temps près de Dresde, quasi solitaire, dans un château somptueux rempli d'objets d'art. Le prince Albrecht avait épousé la princesse Marianne des Pays-Bas. Il a divorcé. On lui fait en Prusse la réputation d'un *gentleman* amateur des choses de l'esprit, et il offre, autant par l'aspect de sa personne que par son caractère, un contraste frappant avec le roi Guillaume. Grand, sec, maigre, les traits fins et fatigués, une moustache frisée sur des lèvres légèrement ironiques, d'une distinction native un peu roide, à l'anglaise, qui le prendrait pour le frère de ce rouge et gras vieillard toujours botté, éperonné, prêt à toutes les fatigues, et qui se repose d'une revue par le spectacle affreux d'un champ de bataille?

C'est devant le prince Albrecht qu'on nous conduisait. Le prince déjeunait avec son état-major dans la grande salle du *Cheval blanc*. Autour de deux tables parallèles, les officiers, vêtus de ces uniformes corrects, élégants sans parure, si différents de nos casaques brodées et chamarrées, prenaient le café et causaient. Le prince, sur un tabouret, tenait le haut de la table de gauche, et roulait près de la fenêtre une cigarette entre ses doigts. Les officiers, assis sur des bancs, s'écartèrent pour nous laisser une place auprès du prince. Celui-ci, doucement, sans autre accent qu'une certaine intonation méridionale, nous interrogea, s'enquit du lieu d'où nous venions, de nos projets, de l'endroit où nous voulions aller. « Je ne crois pas après tout, dit-il quand nous eûmes fini, qu'il soit nécessaire de vous retenir. On vous donnera tout à l'heure un laisser-passer à mon état-major. D'ailleurs je ne sais pas si nous sommes encore en guerre, » ajouta-t-il avec un sourire. Et comme nous témoignions quelque surprise de ces paroles : « Napoléon est prisonnier, reprit-il en tirant une bouffée de sa cigarette; l'empereur s'est rendu. — Oui, me dit un colonel qui se trouvait près de moi, il nous a envoyé une épée qui n'est point celle de François Ier, mais on prend ce qu'on trouve. »

Combien le désastre était plus grand que nous ne le supposions! Quel dénoûment inattendu, malgré les pressentiments sinistres que j'avais eus à Reims. Il nous fallut connaître tous les détails de la reddition. Sedan allait être bombardé; nos troupes, entassées dans les rues de la ville, auraient eu pour sortir à passer sous une pluie de fer. Nul sans doute n'eût hésité à tenter cet effort suprême, et, ne pouvant vaincre, à chercher du moins à mourir, lorsque l'empereur avait envoyé son épée au roi Guillaume. Le rude soldat, refusant l'épée, avait exigé que Napoléon lui-même se constituât prisonnier, et celui qui avait gouverné la France était, avec quelques officiers de sa suite, détenu à cette heure à Vanderesse, au quartier général du roi de Prusse! Ce n'était pas la seule nouvelle que nous apprenaient les officiers prussiens : Mac-Mahon était blessé dans les reins d'un éclat d'obus qui avait emporté la croupe de son cheval, le général Lerélier tué par un boulet, l'armée de Metz refoulée sous le fort Saint-Quentin, tandis que l'armée de Châlons venait pour ainsi dire de se dissoudre dans l'Ardenne. Tous les désastres à la fois! « Et vos journaux, nous disait un général prussien, vont à coup sûr donner à ces événements des reflets de victoires! Votre presse avec ses informations fausses et ses romans (les bataillons disparus dans les carrières de Jaumont qui n'existent pas, les cuirassiers blancs de M. de Bismark détruits, et qui campent à une demi-lieue d'ici, le prince Albrecht tué net et même embaumé, si je ne me trompe, et qui se porte comme vous voyez), votre presse a entretenu en France une confiance qui a paralysé la nation. Il en était de même en Autriche en 1866; nous étions éternellement battus par les journaux. Les Autrichiens n'eurent une connaissance exacte de nos succès que lorsque nous arrivâmes au bout du Prater et aux portes de Vienne. Certains de vos journaux nous ont autant servis que deux corps d'armée. »

Nous voudrions rendre le ton de politesse légèrement affectée, de politesse d'acier, si l'on peut ainsi dire, qu'avaient ces paroles. A n'en pas douter, la grande préoccupation de nos ennemis est de paraître à la hauteur de la courtoisie française. Le reproche le plus sanglant qui puisse les atteindre est justement celui de barbares. Ils ont une évidente prétention à l'élégance, et comme ils se sentent, en dépit de tout, un peu gauches, surtout devant ces Français dont ils méprisent la légèreté, mais dont ils envient la désinvolture d'esprit, ils s'étudient à remplacer la grâce qui leur manque par une certaine roideur correcte qui ne leur messied point. C'est un des traits de leur humeur que cette tension de leur esprit vers ce but. Cet incessant désir les mène d'ailleurs un peu loin. Plusieurs de ces officiers par exemple prenaient leur café les mains gantées de blanc. Pour être juste et véridique, il nous serait du reste impossible de rappeler une parole, un geste qui ait pu froisser notre amour-propre saignant, notre orgueil national mis à vif. Ces officiers parlaient de la campagne sans emphase, comme si, toutes les opérations terminées, ils pouvaient enfin la juger. Ils l'expliquaient en mathématiciens et en gens de métier, froidement et avec plus de modestie que nous n'eussions pu croire. « Vous êtes assurément le peuple le plus téméraire et le plus chevaleresque, mais la guerre aujourd'hui n'est plus une affaire de chevalerie et ne ressemble en rien à un tournoi. Nous avons mis à profit deux choses, la science et la nature, les découvertes modernes et les replis de terrains. Notre artillerie est à la fois plus nombreuse et meilleure que la vôtre; de là notre supériorité. Nous avons exposé chez vous nos canons d'acier; votre comité d'artillerie a haussé les épaules, et vos caricaturistes se sont mis à rire. Vous ne nous connaissez pas, vous ne nous étudiez pas, et, pour généraliser le reproche, vous n'étudiez presque rien ni personne. Cependant les autres peuples marchent. Vous avez cru qu'une armée prétorienne vaincrait les étudiants d'Iéna et d'Heidelberg, et l'empereur, qui tenait à engager cette lutte, a pu vous le faire croire! Vos soldats ont été courageux, ils ont été héroïques, et nous avons jusqu'à présent perdu, il faut l'avouer, trois fois plus de monde que dans la campagne de Bohême. Certes l'armée française est une autre armée que l'armée autrichienne, et le prince Frédéric-Charles, dans son livre, la proclame la première armée du monde; mais dans cette guerre elle n'a jamais eu ni approvisionnements, ni munitions, ni canons, ni chefs. La victoire cependant se compose de toutes ces choses. » Puis ils entraient dans les détails techniques de la bataille. L'artillerie prussienne mise en batterie sur les hauteurs de Givonne avait démonté des pièces françaises à la distance de 5 kilomètres. « Vous aviez pourtant un empereur qui se piquait de connaître l'artillerie; mais les flatteurs lui soutenaient que le canon rayé est le chef-d'œuvre du genre. » Leurs propos ne devenaient guère railleurs que lorsqu'il s'agissait du vaincu de Sedan. Ils épargnaient l'armée, non le chef. « Nous n'avons craint un moment, disait le prince Albrecht, que le maréchal Lebœuf. La façon dont il avait mis en batterie ses quatre-vingts pièces à Solferino nous faisait croire à son mérite. Nous l'estimions fort comme général ; il nous a bien détrompés. » Leur préoccupation d'alors était celle-ci : que fera Paris? « Si l'empereur était encore possible en France, ou l'empire, nous serions satisfaits, car nous obtiendrions toutes les compensations de ce côté; mais le nouveau gouvernement ne cédera rien, et il nous faudra continuer la lutte. »

Je cite toutes ces paroles, que je n'ai pas oubliées et dont on voit l'importance. Ainsi le 2 septembre, deux jours avant la chute de l'empire, avant même que Paris, confiant dans les dépêches rassurantes communiquées par le général de Palikao, eût connaissance du désastre de Sedan, l'état-major du prince Albrecht et le prince et le roi sans doute avaient l'intime conviction qu'ils allaient se trouver devant un gouvernement provisoire, et que l'empire ou la régence était impossible. Rien ne démontre mieux combien l'ennemi avait scruté non-seulement tous les points de la France, mais notre caractère même, nos aspirations et nos mœurs. « Au surplus, continuaient-ils, la France choisira le gouvernement qui lui semblera le meilleur. Ce sont là ses affaires privées, où nous ne prétendons pas nous immiscer. L'important pour nous est d'obtenir les compensations désirées et de forcer votre pays à ne pouvoir nous attaquer dans un an, dans deux ans. Parbleu! nous savons que l'idée de revanche ne sortira pas de vos préoccupations. Aussi ne voulons-nous pas que nos sacrifices aient été stériles, et faut-il nous assurer nous-mêmes contre vous. » Ici reparaissaient les paradoxes allemands, les revendications ridiculement iniques que nous avons retrouvées depuis dans les discours de M. du Boys Reymond, les écrits de M. Mommsen et dans les circulaires de M. de Bismark. Il s'agissait de restituer à la patrie allemande ce que l'injustice et la force lui avaient enlevé jadis, au temps de Louis XIV ; il fallait venger le Palatinat incendié, il fallait se garantir contre toute agression nouvelle par l'annexion de l'Alsace et même de la Lorraine, il fallait enfin réduire à l'impuissance « l'ennemi séculaire de l'Allemagne. » Nous sommes maintenant habitués à ces redites ; mais avec quelle stupéfaction, instruits que nous sommes à respecter le droit des gens et la volonté des peuples, avec quel étonnement douloureux nous rencontrions dans ces hommes ces sentiments d'une autre époque, les arguments de cette odieuse politique de la force, — anachronisme sanglant qu'un hobereau du moyen âge prétend imposer au XIXe siècle ! C'est que, tandis qu'on oubliait peu à peu en France, dans la conception d'un idéal de fraternité humaine, les vieux souvenirs de guerre et de conquête, les Allemands au contraire attisaient toujours comme un feu sacré la haine contre les Français. Leurs poëtes, leurs artistes, ont entretenu toujours la mémoire des discordes d'autrefois. L'Allemagne n'a jamais cessé de fêter les anniversaires de ses victoires sur la France. Les disciples de Kœrner et de Rückert ont toujours ciselé, comme autant d'épées dirigées contre nous, de nouveaux *sonnets cuirassés*. La flamme, qui couvait éternelle, se réveillait menaçante à de certaines heures, et l'on ne peut lire sans amertume aujourd'hui les vers qu'un homonyme du vieux Arndt lança sur l'Allemagne au moment où notre armée battait à Magenta et à Solferino les soldats de l'Autriche, alors membre de la confédération germanique. En des jours où nous n'avions que des sentiments symphatiques pour l'Allemagne, en 1859, l'Allemagne répétait déjà ou plutôt répétait encore ce refrain farouche : « *Au Rhin! au Rhin!* Que l'Allemagne tout entière déborde sur la France! »

Vainement, tandis que ces officiers parlaient, nous essayâmes de combattre par le raisonnement et par l'histoire leurs visées ambitieuses. L'entretien du reste était irritant. Un incident inattendu le fit heureusement cesser. La porte de la salle s'ouvrit, et un vieux colonel d'infanterie prussienne, tête chenue, moustache et favoris gris, entra, tenant par la main un grand jeune homme d'une vingtaine d'années, blond, imberbe, vêtu d'un uniforme vert à galons d'or, et qui était blessé au bras. Le jeune officier jeta sur nous un regard curieux, et, lorsque ses yeux bleus s'arrêtèrent sur le prince Albrecht, la joue du blessé se couvrit d'une certaine rougeur. Il parut très-joyeux. Un général murmura quelques mots à l'oreille du prince, qui se leva, et d'un air affable s'avança vers ce jeune homme et ce vieillard. « C'est le père qui présente son fils à Son Altesse, me dit un officier. Ce jeune garçon que vous voyez hésitant et timide s'est conduit en héros devant Metz. » Le frère du roi tendit avec un geste de bonté sa main au jeune homme, qui la toucha du bout des doigts en s'inclinant; puis le prince donna gravement l'accolade à l'officier imberbe, pâle maintenant et presque tremblant, tandis qu'à deux pas de là, mordant ses lèvres, le père essayait de maîtriser son émotion, et que deux grosses larmes roulaient de ses yeux jusqu'à sa moustache. Je croyais, en regardant cette scène, assister à quelque épisode de ce moyen âge où d'un coup d'épée et d'une embrassade on armait un homme chevalier. Dans cette salle devenue silencieuse, dans ces cœurs allemands, il y avait en quelque sorte la même foi et le même respect qu'au temps de Bayard pour cette chose vermoulue que le poëte Uhland appelle « le bon et vieux droit. »

Quelqu'un apprit sans doute au vieux colonel qui nous étions, car, la présentation terminée, il vint à nous avec son fils. « Monsieur, dit-il, vous retournez en Belgique ; voulez-vous me permettre de vous adresser une prière? Mon fils que voici a eu le bras cassé à

Gravelotte, il ne peut donc plus combattre. Sa mère l'attend à Cologne et voudrait le soigner, mais il ne pourrait traverser la Belgique en tenue militaire sans être fait prisonnier par le gouvernement de ce pays neutre. Oubliez un moment la couleur de l'uniforme, songez qu'il y a là un enfant et une mère, ne voyez qu'elle et lui, et chargez-vous de conduire mon fils à Bruxelles en lui prêtant un vêtement bourgeois. — Je ferai cela sans nul doute, dit le jeune homme, pour une mère française! » Et il ajouta doucement : « Ces pauvres mères, on ne songe à elles que lorsqu'on est malheureux ou blessé! » C'est la seule parole vraiment humaine, d'une mélancolie touchante, que j'aie entendu tomber d'une lèvre prussienne. Lorsque nous revînmes du champ de bataille le soir, on nous apprit que le jeune officier avait été emmené à Bouillon par un médecin belge. Peut-être le colonel s'était-il ravisé, ne voulant point confier son fils à un Français.

Le prince Albrecht nous congédia bientôt fort gracieusement en donnant à l'un de ses aides de camp l'ordre de nous signer un sauf-conduit pour la Belgique. Il nous fallut monter à l'étage supérieur, et l'officier d'état-major, un hussard noir, jeune, souriant, la moustache brune et frisée, avant de signer notre *exeat* et de le timbrer aux armes du prince, se donna cette satisfaction de nous expliquer les opérations des jours précédents, les surprises de Beaumont, l'attaque de

Carignan, la marche des troupes royales le long de la Meuse. Nous l'eussions volontiers tenu quitte de ces récits qu'il commentait en nous montrant sur une carte les positions respectives des deux armées. C'était une carte de notre état-major français, mais annotée en allemand, complétée par des indications écrites ou chiffrées, constellée de traits au crayon rouge ou bleu. Il voulut nous retenir encore pour nous donner l'assurance, qu'il ne put nous faire partager, que Mac-Mahon eût été aussi facilement battu, s'il eût attendu les Allemands à Châlons; mais cette conversation était décidément trop pénible, et je m'éloignai.

Le champ de bataille avec toutes ses horreurs et toutes ses plaies nous attendait, non pas à la Chapelle, mais à Givonne, au bout d'une route bordée de peupliers frissonnants, où se croisaient à cette heure les trains d'ambulance militaire, les chirurgiens des deux pays. Quelle douleur de voir ainsi cette terre française, où passaient au galop les cavaliers prussiens, où, répandus dans les champs, les dragons à vestes blanches arrachaient les pommes de terre, coupaient les choux, lavaient au courant d'un ruisseau leurs vêtements tachés! C'était bien là, dans toute sa honte, l'invasion, ce fléau dont on avait tant parlé à notre génération, mais comme d'un mal qui ne pouvait revenir! Et, tout à la fois pris du désir de fuir ce spectacle et poussé par cette amère curiosité qui fait qu'on l'inquiète de la façon dont a fini l'ami qu'on vient de perdre, je continuais ma route à travers les escadrons de cavalerie, les convois d'équipages, les colonnes de fantassins.

Je suivais, ému jusqu'aux larmes, cette route où chantaient les oiseaux sur les arbres, et des deux côtés du chemin sur les collines j'apercevais le mouvement, le fourmillement de masses sombres qui étaient l'armée prussienne, masses singulièrement ordonnées et disciplinées, campées avec une régularité surprenante. A perte de vue, les lances des uhlans, fichées en terre sur une seule ligne, s'étendaient comme une rangée de troncs d'arbres tirés au cordeau. Les chevaux, au piquet, paissaient derrière dans la même régularité géométrique, avec le même ordre. Les cavaliers la nuit couchent à quelques pas de leur monture. De cette façon, nulle surprise n'est à craindre; au premier coup de feu, à la première alerte, les cavaliers sont à cheval, en ligne et armés. La confusion est impossible. C'est bien cette régularité, cet ordre incroyable, qui tout d'abord me frappèrent, et je ne pouvais m'empêcher de les comparer au pittoresque pêle-mêle d'un campement français. La propreté des uniformes, dont le soleil faisait parfois étinceler les galons, m'étonnait aussi. Je voyais passer des hussards rouges, la poitrine couverte de brandebourgs, portant sur la tête des colbacks énormes, uniformes d'une richesse un peu outrée, puis des hussards noirs, noirs de la botte au bonnet, avec une tête de mort et deux ossements d'argent entre-croisés sur leur coiffure d'astrakan. L'aspect de ces hommes était sinistre. Tous menaient à l'abreuvoir leurs chevaux, tous marchaient en bon ordre au pas de leurs montures. Ces cavaliers qui venaient de se battre depuis quatre jours semblaient aller à quelque revue; aucun bruit dans les rangs. Des dragons s'étant mis à ricaner en nous apercevant, un officier, éperonnant son cheval, les força aussitôt à tourner bride et à passer de nouveau devant nous, muets et le regard fixe à dix pas devant eux. J'ai pu constater plus d'une fois la sévérité de cette discipline de fer qui réduit l'homme à l'état d'automate, et que M. Hacklaender, le conteur allemand, en ses récits militaires, lorsqu'il écrivait les aventures du bombardier Dipfel, nous avait à la fois appris à railler et admirer. Cette discipline est telle, que les soldats prussiens portaient invariablement la main à leur casque ou à leur bonnet lorsqu'un officier français prisonnier venait à passer devant eux.

Cette crainte en quelque sorte superstitieuse du galon et ce respect de la discipline venaient au surplus, une heure auparavant, de sauver la vie à un pauvre diable de paysan qu'on allait fusiller comme espion. C'était un malheureux tisserand qui, à l'arrivée des Prussiens, avait quitté Givonne, emportant sur une voiture à bras tout ce qu'il avait pu entasser de ses misérables meubles. Il s'était blotti en pleine forêt la nuit, et, après avoir caché tous ses objets dans quelque fossé, le désespoir cuisant d'avoir abandonné tant de choses qu'il n'avait pu traîner s'était emparé de lui. Il y avait surtout dans ce que le tisserand avait oublié un objet, un *souvenir* qui lui était cher : la couronne fanée que portait sa femme, morte depuis deux ans, le jour de leur mariage. Le voilà qui quitte le fossé où il s'était tapi, et qui se glisse comme un maraudeur du côté de son village. Il arrive chez lui au petit jour; la porte était close, il entre par la fenêtre à hauteur d'homme. Des soldats l'arrêtent, l'entraînent et l'interrogent. Il balbutie, ne sachant pas un mot d'allemand, et les Prussiens pas un mot de français. On lui fait signe de se placer contre une muraille, et le malheureux, plus mort que vif, entend le battement des fusils qu'on arme. Il fermait déjà les yeux, attendant le coup fatal. La fortune voulut qu'un de nos ambulanciers français, gardé en otage, M. B..., passât justement près de là, le képi galonné et le collet brodé de petites croix d'or. M. B... s'avance ou plutôt se jette entre les soldats et le pauvre homme, et d'un ton de commandement il ordonne aux Prussiens, en excellente langue allemande, de laisser ce pauvre diable. Devant son accent irrité, son geste impérieux, aussitôt les soldats s'arrêtent, présentent les armes, saluent, et le paysan est non-seulement sauvé, mais libre. Les galons du képi et les broderies du collet avaient tout fait.

Cette discipline prussienne est en quelque sorte féodale. Le coup du plat de sabre d'un hobereau ne déshonore pas le dos d'un bourgeois sous les armes. Cette obéissance absolue à une sévère hiérarchie est une des qualités gothiques dont s'enorgueillissent le plus nos ennemis. Deux ou trois officiers m'ont demandé si quelque soldat de leur armée nous avait, par hasard, manqué de respect. C'est encore là une de leurs constantes préoccupations. Ils ont la coquetterie de l'obéissance passive. L'armée allemande, chose curieuse, est tellement esclave de cette discipline, de cet amour de l'échelon et de cette terreur du titre, que les alliés entre eux, loin de conserver à grade égal un même rang, témoignent instinctivement, peut-être en dépit d'eux-mêmes, une certaine déférence, d'ailleurs un peu haineuse, pour les Prussiens. Ces gens ont, semble-t-il comme un goût prononcé pour la livrée. J'ai pu remarquer cela plusieurs fois. Le Prussien a toujours l'air de traiter le Bavarois, le Hanovrien, le Saxon, en vassaux ou, pour dire plus, en vaincus, et ceux-ci, quoi qu'ils en aient, parlent au Prussien avec une nuance de soumission visible. Le prédécesseur du roi Guillaume comparait l'Allemagne à une statue immense faite de plusieurs métaux ; mais il oubliait de dire que le métal prussien se croit seul l'or pur.

Le petit village de Givonne était encombré de troupes; les soldats avaient campé au grand air sur des matelas enlevés aux maisons. Givonne devait être à coup sûr, il y a six mois, un pays riche : les demeures sont coquettes, blanches maisons de citadins en villégiature ou de bourgeois aisés. Tout était pillé. On apercevait par les fenêtres brisées le désordre effrayant des habitations mises à sac, les meubles ouverts, les papiers épars, les paillasses éventrées, les chaises jetées au feu, les assiettes de faïence à fleurs renversées des dressoirs et brisées. Des Prussiens, enveloppés de leurs grosses capotes, chaussés de leurs lourdes bottes, étaient couchés dans ces maisons. Quelques-uns dormaient, d'autres lisaient des journaux trouvés là. Au milieu de la rue, près de la mairie, où flottait, hélas! le drapeau blanc à aigle noir de Prusse, des chirurgiens allemands coupaient des jambes en plein air. On apercevait au fond des allées ouvertes, à travers les vitres ou derrière les maisons, des jardins en fleur parfumés de roses, et où se jouaient les papillons dans un sourire de soleil.

Tout ce pauvre village était plein d'ailleurs de mouvement et de bruit. Les Allemands établissaient en toute hâte, en appliquant sur la façade des maisons un carré de toile cirée décorée aux armes prussiennes, ici la poste, là le télégraphe, plus loin l'intendance et la boulangerie. D'autres mesuraient froidement les distances, la longueur et la largeur de la rue, comme pour se rendre compte du combat de la veille. La bataille avait cessé depuis quelques heures à peine, et déjà tous les blessés étaient enlevés, presque tous les morts prussiens enterrés. On n'avait guère laissé sur le sol français que les cadavres des vaincus. Les Allemands attachent aux moindres détails une importance capitale; ils savent l'effet terrifiant que peuvent produire sur des soldats les monceaux de morts ou les blessures trop horribles. Les blessés pour la plupart venaient d'être évacués sur la route d'Allemagne. Les prisonniers français se tenaient blottis les uns contre les autres, pressés comme des moutons, le long d'un mur, près d'un petit pont où coulait un ruisseau à demi tari. Je n'oublierai jamais l'expression muette de lassitude et d'étonnement imprimée sur ces visages maigres et terreux. Il y avait de la fatigue et de l'amertume, un sentiment de surprise, de révolte contre un sort injuste et aussi, faut-il le dire, une certaine satisfaction instinctive, le sentiment de l'être qui respire encore après tant de morts, et qui sort vivant d'une tuerie; mais rien ne peut égaler l'affaissement et l'effroi quasi enfantin de ces malheureux turcos, si terribles, irrésistibles dans la mêlée. Comme ils sont tout d'instinct et d'élan, l'abattement succède bien vite à ces héroïsmes fatalistes. Repliés sur eux-mêmes, le capuchon de leurs burnous bleus rabattu sur leurs visages, assis sur le sol et les jambes croisées à l'orientale, ils ramenaient leurs bras sur leur poitrine, et leurs grands yeux blancs et fixes semblaient seuls vivants dans leur physionomie bronzée. Pauvres Africains, venus de leurs déserts de sable pour voir tomber leurs frères dans les fourrés de l'Ardenne ! Le sentiment de soulagement intime que je remarquais chez les survivants de notre armée, on le retrouvait aussi chez les Prussiens. L'esprit qui, le jour de la capitulation de Sedan, animait l'armée ennemie était tout joyeux et, il faut le constater, tout pacifique. Les gouvernants de l'Allemagne diront un jour, ils ont prétendu déjà qu'ils n'ont continué la guerre, après la défaite de l'empire, que parce qu'ils étaient invinciblement poussés, dominés et conduits par l'esprit public de leur pays. Cela est faux. La vérité est que leur armée, surprise d'un triomphe aussi inattendu, se laissait franchement et naïvement aller à la joie inespérée que lui causait la fin d'une lutte qui lui avait semblé devoir être aussi longue que redoutable. L'empereur prisonnier, notre armée rendue, la guerre en effet semblait finie. Le mot de tous ces soldats allemands, la parole de tous ceux que j'ai interrogés, Bavarois ou Prussiens, était : « Nous allons retourner au logis, revoir nos enfants ! » Ils ne cachaient point leurs sentiments et les exprimaient tout haut, bruyamment. Quelques-uns, à l'idée du retour, se mettaient à danser d'un pas lourd ; mais l'armée allemande comptait sans l'ambition de ses chefs.

Après Givonne, un coteau s'élève qui mène par une pente douce à un plateau de terres labourées et cultivées; c'est là que cette bataille formidable commencée à la Moncelle s'était terminée. A la Moncelle, nos troupes avaient fait des Bavarois un véritable carnage. De ce côté au contraire, les canons ennemis avaient labouré et enfoncé nos rangs. On retrouvait, en déchiffrant les numéros des régiments sur les képis des morts, la place où les nôtres avaient combattu. Des boulets avaient couché, emporté par files des soldats du 1er régiment de ligne, des zouaves, des chasseurs à pied, des soldats d'infanterie de marine. Les malheureux, dans ces positions tourmentées que donne la mort soudaine, étaient étendus côte à côte ou par petits tas sanglants, abattus dans les sillons, tombés dans des fossés, morts sur des plans de betterave, presque tous, chose à noter, avec des scapulaires sur la poitrine. Le vent, au bout de leur cordonnet de soie, faisait voltiger ces scapulaires sur les morts comme des papillons funèbres. Nous avions, dans cette dernière journée, subi des pertes plus considérables que l'ennemi, tandis que, même à Mouzon et à Carignan, vainqueur, il ne nous avait fait reculer qu'à prix d'hommes. Nos morts, gardant encore, mais glacée et muette, l'attitude de la vie, les uns foudroyés tandis qu'ils épaulaient leur fusil, les autres tombés et restés à genoux, quelques-uns égorgés en repoussant l'arme qui les allait frapper, nos pauvres morts semblaient, par l'expression fièrement résolue de leurs visages, protester contre la défaite de la France et le triomphe de l'étranger. Je revois encore et n'oublierai jamais un coin sanglant de ce champ de bataille : c'était un petit ravin de terre poudreuse à teinte de brique, derrière la crête duquel s'étaient abrités nos chasseurs à pied, placés en tirailleurs. Les Prussiens les avaient abordés en cet endroit à l'arme blanche ; on s'était battu corps à corps, et nul n'avait reculé. Tous, frappés par devant, faisant face à la mort, étaient tombés dans le ravin, chaque mourant entraînant avec lui, de ses mains crispées, un ennemi. Des soldats allemands et français semblaient s'embrasser dans le trépas après s'être enferrés les uns les autres. Au fond de ce ravin, dans la terre rouge, un tas de cadavres gisaient dans des poses étranges et terribles. Sur cet amas lugubre de corps, un beau et fier jeune homme, un Français, presque imberbe, portant encore son uniforme de Saint-Cyr, un officier de vingt ans, frappé au front, était étendu, paraissant reposer d'un sommeil grave et plein de nobles rêves. Les mains croisées sur la poitrine, ce jeune homme avait expiré comme il se fût endormi. Sa face pâle était belle comme un beau marbre, et je me rappelais, en le contemplant ainsi, cette parole de Bossuet : « Il y a des occasions où la gloire de mourir vaut mieux que la victoire. »

Oui, après la première stupeur que causait la vue de ce champ de massacre où les cadavres, pétrifiés dans leur mouvement ou leur convulsion suprême, ressemblaient, livides, les yeux ouverts et vitreux, à des figures de cire plutôt qu'à des morts, après la première douleur, un sentiment de protestation énergique et de dignité se dégage de l'affreux spectacle de ces corps lacérés, troués ou défigurés, le sentiment le plus mâle et le plus beau qui puisse naître dans une âme humaine, — l'âpre attachement au devoir. On se sent peu à peu saisi du mépris profond de la mort, on se sent pris d'admiration pour ces martyrs qui ont donné leur existence. L'amour stoïque de la patrie parle plus haut et plus ferme ; la contemplation de ces héros vous fait mieux comprendre et mieux aimer la sublime vertu du sacrifice. Ils étaient beaux d'ailleurs ces morts français, et à côté de cadavres dont l'horreur rappelle Goya, des morts étaient tombés dont la roide attitude sculpturale faisait songer au chef-d'œuvre de Rude. Et j'éprouvais, dans la douleur poignante qui m'étreignait, comme une consolation cruelle à comparer les morts allemands aux morts français, — ces lourds Germains tombés comme des masses, ces soldats blonds et gros, à ces maigres Gaulois, à ces visages amincis dont un rictus d'ironie soulevait la moustache en croc, la lèvre impertinente et désormais muette, mais prête encore, eût-on dit, à jeter à l'ennemi, avec le dernier soupir, le dernier cri de l'héroïsme railleur.

Les infirmiers prussiens relevaient ces cadavres, et on les voyait, se détachant en noir sur l'horizon, parcourir comme des corbeaux ces champs sans arbres où de loin en loin apparaissaient des taches lugubres, taches rouges qui étaient des cadavres français, taches brunes qui étaient des cadavres allemands. Çà et là, sur des sabres fichés en terre, ils avaient placé des casques prussiens, posé les uns sur les autres, et piqué une étiquette sur la pointe du casque supérieur. On pouvait compter, aux casques superposés, le nombre des cadavres enfouis dans chaque fosse. J'allais et je venais saisi de fièvre dans ces champs où les débris s'amoncelaient, sacs éventrés, voitures brisées, canons démontés, caissons broyés, fusils, gibernes, sacs de riz, tout cela pêle-mêle avec les cadavres de chevaux gisant dans leurs entrailles comme en une course de taureaux, pêle-mêle avec les mitrailleuses défoncées sans avoir pu faire une seule décharge [1], avec les shakos, les épées, les tambours crevés, les instruments de musique, les livrets des soldats, et ces pauvres lettres, tombées de la poitrine d'un mort ou de son sac, et que le vent balayait

1. J'en ai vu entre les mains de l'ennemi de toutes neuves, étincelantes, n'ayant point tiré.

comme des feuilles mortes, ou que retenait à terre une flaque de boue ou une flaque de sang[1].

1. J'en ai ramassé plusieurs de ces lettres, adressées au vivant et qu'on recueille sur le mort, lettres de la mère à son fils, de la sœur à son frère, lettre de l'enfant et que le père, ou le fils ou le frère, serre parfois, à son dernier soupir, dans sa main mourante. Une entre toutes m'a touché, lettre d'une humble paysanne à son fiancé, émouvante dans sa simplicité éloquente et naïve et que j'ai recueillie à côté du cadavre de celui qui l'avait reçue. La voici. Je n'en modifie que l'orthographe :

« 31 Juillet 1870.

« Mon cher ami Camborde Alphonse,

« J'ai eu bien du plaisir en apprenant de tes nouvelles dans ta lettre, et que tu étais en bonne santé, mon cher ami. Quant à moi je suis très-bien pour le moment et je désire que la présente te trouve de même. Mon cher et tendre ami, tu me dis dans ta lettre que tes yeux n'ont pas été clairs tous les jours. Tu peux croire que les miens ont été de même. Mon cher et tendre ami, depuis que tu es parti, la soirée, depuis neuf heures jusqu'à dix heures, moment où tu venais, me paraît bien longue. Je regarde. Mais pourquoi regarder? Je ne vois rien. Mon cher et tendre et doux ami, tu me fais bien de la peine en m'apprenant que tu vas à la Prusse combattre ces diables de Prussiens qui sont la cause que tu es parti, mais je vois que tu as confiance en Dieu, que tu as recours à la croix que je t'avais mise dans le scapulaire de Notre-Dame de Bétharran ; je t'en prie, aie toujours recours en sa protection, car si tu y as toujours recours, je crois qu'il te protégera partout. Cher ami, je t'apprends que la garde mobile est *requérie* pour se rendre au chef-lieu du département, et que je crois réellement que les jeunes garçons de Lestelle vont tous partir. L'armée présente va tirer au plus tôt. Au pays, les hommes peuvent s'engager depuis dix-sept ans jusqu'à quarante ans. On l'a fait dire

Le soir venait. Le ciel prenait cette teinte mélancolique du crépuscule. J'étais écœuré, brisé par les émotions d'un tel spectacle. Je jetai sur les bois de bouleaux, où l'ombre n'empêchait pas encore de voir des cadavres entassés à perte de vue, un regard d'adieu. Du côté de Sedan, le soleil couchant donnait à la Meuse un reflet rougeâtre. On entendait encore des détonations, le bruit d'un chassepot qu'on ramassait et qu'on déchargeait en l'air, ou le dernier coup d'un blessé, d'un vaincu qui ne voulait pas reconnaître sa défaite. Nous redescendions lentement vers Givonne. Soudain sur le plateau nous aperçûmes, se détachant sur le ciel pâle, le cortége insolent des généraux vainqueurs : le roi, le prince royal, M. de Bismark, et

dans une publication qui est venue jeudi. Madame Pauline te fait bien des compliments. Elle m'a dit qu'elle avait trouvé dans un journal que les filles depuis quinze ans jusqu'à vingt-cinq ans devaient partir aussi pour aller combattre aussi contre ces Prussiens, mais je ne le crois pas. Si cela devait être pourtant, je demanderais à entrer près de toi et je te pourrais voir souvent; si cela ne se peut, tu me diras du moins les batailles qui se feront, les hommes qu'ils perdront au juste, les uns ou les autres, les villes que vous prendrez, les Français ou les autres. Jean Lassus voudrait le savoir.

« Mon cher et tendre ami, depuis que tu es parti je suis allée à la bascule pour savoir mon poids. Ensuite deux jours après je suis revenue. Je ne pèse pas de deux kilos autant. Tu vois bien à un kilo par jour, si tu ne reviens vite, il ne va pas rester trop de fille ni de graisse pour toi.

derrière eux, impassibles sur leurs chevaux comme des colosses de granit, les fameux cuirassiers blancs, épée en main et casque en tête. Le roi venait de s'entretenir avec l'empereur, son prisonnier ; maintenant il passait inspectant le champ de bataille. Le cou de son cheval, qui se détournait pour flairer des cadavres, avait ce mouvement de corps et ce gonflement de naseaux peints par Delacroix dans l'*Entrée des croisés à Constantinople*. Le vieux roi, immobile, droit et solide sur sa selle, regardait sans qu'un muscle bougeât dans son visage rouge. Je n'ai jamais mieux compris de quelle haine on doit haïr ceux qui s'appellent les conquérants, je n'ai jamais senti bouillonner plus sourdement en moi les idées de révolte contre la force que sur ce champ de carnage, devant ces morts sublimes et à deux pas

Mon cher et tendre doux ami, je te prie de faire un peu plus d'attention à la lettre que tu m'enverras, je pense, au plus vite. Je te prie de me dire dans ta lettre si la lettre que tu m'as envoyée était toute décachetée. Je te prie de me le dire. C'était fait avec du pain. Je ne sais pas si tu l'as fait, toi, ou le facteur. Rien autre chose pour le moment. Mon cher et tendre doux ami, je termine ma lettre en t'embrassant de tout mon cœur.

« GERMAINE BRIOULE, ton amie pour la vie.

« Tu me pardonneras si elle n'est pas bien faite. »

Et combien d'autres de ces lettres de promises et de fiancées on pouvait ramasser, de Sedan à Givonne !

de ce roi qui passait silencieux et religieusement satisfait de son œuvre, tandis que son ministre, botté et casqué, souriait.

C'était là l'émotion dernière. Il fallait partir. Je n'eusse pu supporter, me semblait-il, une autre douleur. Une douleur nouvelle m'attendait pourtant : il nous fallut traverser le camp prussien, les rangs de ces soldats qui riaient, campaient sous nos tentes, chamarraient leurs poitrines de médailles d'Italie, de Chine ou du Mexique, et de croix d'honneur ramassées sur nos morts. Nous n'avions pas franchi le camp, laissé derrière nous cette innombrable armée, que tout à coup du fond de la vallée, puis de ces coteaux noirs de troupes, une clameur immense, formidable, un sauvage hourra de triomphe s'élevait et venait jusqu'à nous, cri de joie brutale échappé à la fois de 300,000 poitrines, et qui saluait au retour de son excursion le roi Guillaume, le vainqueur de Sedan. Ce hourra insultant, ces acclamations, ces applaudissements, partaient comme des traînées de poudre, sortaient du fond des bois, grandissaient, et devant le passage du roi les musiques prussiennes, jouant un hymne religieux de Wagner, un air lent, mélancolique et rêveur, un cantique sacré, une prière, mêlaient cette harmonie à ces hourras brutaux, si bien que tout ce que l'art a de plus élevé et tout ce que la guerre a de plus horrible s'unissaient pour composer l'acclamation la plus douloureuse qu'on puisse entendre, pour causer l'émotion la plus profonde qu'on puisse éprouver.

Ah! les rages impuissantes du vaincu, les larmes fiévreuses du patriote! Je me retournais vers ces masses noires comme pour les maudire! Un commencement d'incendie bientôt étouffé s'allumait dans la paille du camp. Je souhaitais un anéantissement complet de cette foule, un écrasement de cette horde. J'arrivai à la Chapelle épuisé. J'avais hâte de me sentir loin de l'ennemi, libre de mes réflexions et de mes colères. Un officier français prisonnier m'accompagna jusqu'au bout du village, sur la route de Belgique, me répétant les fautes commises, impardonnables, et contant ces batailles dernières avec des frémissements dans la voix. « Vous allez trouver la république à Paris, sans doute, me dit-il; c'est une consolation. » Et comme en ce moment deux ou trois coups de feu, dont je ne voyais pas la direction, retentirent derrière nous : « Allons, ajouta le capitaine S... en me serrant la main, ces balles sont pour moi. On trouve que je m'écarte un peu trop, et on craint que je ne veuille m'échapper. Je rentre. » Et il reprit le chemin de la Chapelle, tandis que je suivais la route de Belgique.

Nous n'avions plus trois cents pas à faire pour atteindre la frontière, nous apercevions déjà la maison des douaniers belges, lorsque tout à coup sur la lisière d'un bois, au bout d'un pré, un homme apparut, un artilleur français, grand, maigre, couvert de poussière, qui s'abattit brusquement de toute sa hauteur sur l'herbe, comme si une balle l'eût frappé; nous le crûmes mort. Nous accourons vers lui, il buvait, il lapait un peu d'eau au courant d'un ruisseau comme un chien altéré; au bruit de nos pas, l'homme se redressa. Sa moustache et ses oreilles blanches de poussière, la visière tordue de son képi, ses vêtements sordides, lui donnaient l'aspect d'un vieillard et d'un pauvre. Il portait sa carabine en bandoulière et fit un mouvement pour la saisir. « Nous sommes Français. — Ah! » dit-il d'un ton rauque, et il se releva en essuyant ses genoux. Nous voulûmes alors le faire parler, lui demandant s'il avait faim. « Non, je n'ai pas faim; j'avais soif, voilà tout. Quand on a vu ce que j'ai vu, on n'a pas faim. Des chefs qui étaient au café prenant le cognac, ou dans leur chambre, en pantoufles, tandis qu'on nous attaquait! Ma pauvre batterie enlevée, les chevaux hachés, les camarades morts! Où suis-je ici? — A quelques pas de la Belgique; la Belgique est là, tenez, nous y allons, venez avec nous. — Moi? non, dit-il; et pourquoi irais-je en Belgique? Est-ce que je suis Belge? D'ailleurs, voyez-vous, je n'ai pas fini. Avez-vous entendu tout à l'heure deux coups de feu dans le bois?... Eh bien, c'était moi. J'ai *descendu* deux uhlans, un chef et un homme. L'homme avait une carabine; alors comme il ne me reste plus de cartouches, je me disais : Je vais prendre les siennes ; mais voilà, tonnerre de Dieu ! le calibre n'est pas le même ; les cartouches de l'Allemand ne sont bonnes à rien. Enfin tant pis, mon arme est chargée. Il me reste encore un coup à tirer, je vais le tirer. — Vous allez retourner dans le bois ? C'est de la folie ; on vous tuera. — C'est bien possible ; seulement avant cela j'en ai encore un à tuer, et je vais le tuer, je vous en donne mon billet. Bonjour, messieurs ! » Et l'artilleur, froid, résolu, rentra dans le bois, où il disparut, sa carabine sur l'épaule.

Voilà de quels hommes notre armée était faite, de quels hommes était composée cette troupe qu'on livrait prisonnière à l'ennemi ! Les Belges avaient vu depuis le matin beaucoup de nos soldats, de ces pauvres petits fermiers, ignorants et braves, retourner sur leurs pas du côté des Prussiens, du côté du danger, plutôt que de laisser aux mains des chasseurs ou des douaniers le fusil qu'on leur réclamait à la frontière. Il y avait de ces âmes parmi ces morts, il y avait de ces héros inconnus parmi les 80,000 hommes que la capitulation exigée du général Wimpfen livrait au roi de Prusse. Et je ne pouvais m'empêcher de comparer cet humble et fier soldat, cet artilleur dont j'ignore le nom, qui protestait ainsi en gardant son arme, en brûlant sa dernière cartouche, en faisant jusqu'au bout son devoir, au souverain qui rendait son armée.

Les Prussiens allaient d'ailleurs en rencontrer plus d'un de ces intrépides citoyens, de ces soldats prêts à défendre le sol à outrance, à sauver l'intégrité morale du pays, sa liberté, son indépendance, son honneur surtout; ils les allaient rencontrer dans la France entière, — dans la France soulevée et résolue à vaincre, à Châteaudun, à Coulmiers, à Beaune-la-Rolande, partout, et derrière les murailles de ce Paris où ils se vantaient d'entrer en poussant la porte du pied, mais où le patriotisme des habitants et la bravoure d'une armée improvisée les retiennent stupéfaits depuis plus de trois mois.

1er Janvier 1871.

Hélas!

Ce qui était de l'espoir encore, en janvier, est devenu de la désillusion en juin. Mais il n'en est pas moins vrai que c'est dans l'incessant ressouvenir de ces journées funèbres que nous puiserons, nous désaltérant comme aux bords d'une coupe amère, ce sentiment de fortifiante douleur qui doit nous régénérer et nous sauver.

La patrie humiliée et lacérée — lacérée par ses propres mains, par des mains criminelles — doit ressembler dès à présent à ce penseur, à ce rêveur, Saint-Simon, qui se faisait éveiller tous les matins par ces mots : « Rappelez-vous, monsieur le duc, que vous avez de grandes choses à faire ! »

Elle aussi doit se rappeler qu'elle a de grandes choses à faire et de plus grandes encore à défaire. Elle aussi, la pauvre amputée, doit se répéter qu'il lui manque un de ses membres, et qu'on lui a pris, la tenaillant, la chair de sa chair. Elle aussi doit songer à l'avenir, et par l'idée de devoir, de travail et de santé morale, elle doit mériter la revanche.

Puisse notre récit, en lui montrant une nouvelle fois la profondeur de la plaie, lui faire ressentir encore l'âpre douleur de ses défaites et soutenir sa virile résolution de les laver !

1er Juin 1871.

Achevé d'imprimer

LE 10 JUIN MIL HUIT CENT SOIXANTE-ET-ONZE

PAR J. CLAYE

POUR A. LEMERRE, LIBRAIRE

A PARIS

Collection Lemerre.

Volumes in-8° écu, imprimés sur papier de Hollande.
Chaque volume (*la Pléiade* exceptée), o fr.

LA

PLÉIADE FRANÇOISE

(XVIe SIÈCLE)

Avec Notes & Glossaire

Par CH. MARTY-LAVEAUX

5 vol. in-8° écu, portraits.

Chaque volume, tiré à 250 exemplaires, 25 francs.

Les quatre premiers volumes sont en vente.

EN COURS DE PUBLICATION :

RABELAIS

(*Œuvres complètes*)

Avec Notes & Glossaire par CH. MARTY-LAVEAUX

5 vol. in-8°. — Chaque volume, o francs.

Les deux premiers volumes sont en vente.

EN PRÉPARATION :

Villon. — Montaigne. — Agrippa d'Aubigné. — Regnier.
Corneille. — Molière. — Racine.
La Fontaine. — Boileau. — Bossuet. — Fénelon. — Pascal.
La Rochefoucauld. — La Bruyère,
&c., &c., &c.

Il est fait, de cette collection, un tirage sur grand papier, au prix de 20 fr. le volume sur papier de Hollande; 35 fr. sur papier de Chine & 40 fr. sur papier Whatman.

ŒUVRES COMPLÈTES

DE

LECONTE DE LISLE

Édition in-8° cavalier, papier vélin.

HOMÈRE. ILIADE, traduction nouvelle en prose. 1 vol. 7 50

— ODYSSÉE, HYMNES, EPIGRAMMES, BATRAKHOMYOMAKHIE, trad. nouvelle en prose. 1 vol. 7 50

HÉSIODE. HYMNES ORPHIQUES, THÉOCRITE, BION, MOSKHOS, TYRTÉE, ODES ANACRÉONTIQUES, traduction nouvelle. 1 vol. 7 50

SOUS PRESSE :

POËMES BARBARES, édition définitive, considérablement augmentée, 1 vol. orné du portrait de l'auteur gravé à l'eau-forte.

ESCHYLE. Œuvres complètes, traduction nouvelle en prose. 1 vol.

POËMES ANTIQUES, nouvelle édition, entièrement refondue; 1 vol.

LA POÉSIE FRANÇAISE du XVe au XIXe siècle. Études & extraits, 2 vol.

En préparation :

POËMES TRAGIQUES. CROISADES. — JACQUERIES.

LES ÉTATS DU DIABLE, poëme.

LA BIBLE, traduction nouvelle.

SOPHOCLE, traduction nouvelle.

EURIPIDE, traduction nouvelle.

ŒUVRES COMPLETES

DE

FRANÇOIS COPPÉE

Édition in-18 jésus, papier vélin.

PREMIÈRES POÉSIES (*Le Reliquaire. — Intimités*). 1 vol. . . . . 3 fr. »

POËMES MODERNES, 1 vol. . . . . 3 »

LA GRÈVE DES FORGERONS, poëme. 1 vol. . . . . . » 75

LE PASSANT, comédie en un acte, en vers. 22e édition. 1 vol. . . . . 1 »

DEUX DOULEURS, drame en un acte, en vers. 8e édit. 1 vol 1 50

Édition elzévirienne :

POÉSIES DE FRANÇOIS COPPÉE (1864-1869)

(LE RELIQUAIRE. — INTIMITÉS. — POËMES MODERNES. LA GRÈVE DES FORGERONS.)

1 volume in-12 couronne, imprimé en caractères elzéviriens, sur papier teinté, & illustré d'un portrait de l'auteur gravé à l'eau-forte par Rajon . . . . 5 fr.

Poëtes contemporains.

Volumes in-18 jésus imprimés en caractères antiques sur beau papier vélin.
Chaque volume, 3 fr.

JEAN AICARD	*Les Jeunes Croyances*	1 vol.
— —	*Rébellions, Apaisements*	1 vol.
J.-E. ALAUX	*Les Tendresses humaines*	1 vol.
THÉODORE DE BANVILLE	*Les Exilés*	1 vol.
— —	*Nouvelles Odes funambulesques*	1 vol.
C. ROBINOT-BERTRAND	*La Légende rustique*	1 vol.
— —	*Au bord du lac*	1 vol.
ÉMILE BLÉMONT	*Poëmes d'Italie*	1 vol.
ARTHUR DE BOISSIEU	*Poésies d'un passant*	1 vol.
F. BOISSONNEAU	*Échos & Reflets*	1 vol.
PHILOXÈNE BOYER	*Les Deux Saisons*	1 vol.
HENRI CAZALIS	*Melancholia*	1 vol.
FÉLIX CELLARIER	*Paris délivré*	2 vol.
CAMILLE CHABANEAU	*Poésies intimes*	1 vol.
ALEXIS DE CHABRE	*Boutades sur l'amour & le mariage*	1 vol.
FRANÇOIS COPPÉE	*Premières Poésies*	1 vol.
— —	*Poëmes modernes*	1 vol.
PAUL DELAIR	*Les Nuits & les Réveils*	1 vol.
LÉON DIERX	*Les Lèvres closes*	1 vol.
ARISTIDE FRÉMINE	*Floréal*	1 vol.
GLASER	*Nuits sans étoiles.* (texte allemand & traduction)	1 vol.
LÉON GRANDET	*Gul*	1 vol.
EDOUARD GRENIER	*Amicis*	1 vol.
LOUISE D'ISOLE	*Après l'amour*	1 vol.
— —	*Passion*	1 vol.
WINOC JACQUEMIN	*Sonnets à Ninon*	1 vol.
CHARLES JOLIET	*Les Athéniennes*	1 vol.
GEORGES LAFENESTRE	*Espérances*	1 vol.
LAURENT-PICHAT	*Avant le jour*	1 vol.
NELLY LIEUTIER	*Chemin faisant*	1 vol.
GABRIEL MARC	*Soleils d'octobre*	1 vol.
ALBERT MÉRAT	*Les Chimères*	1 vol
ARMAND RENAUD	*Nuits persanes*	1 vol.

L.-X. de Ricard. . . .	*Ciel, Rue & Foyer.*	1 vol.
Rocaresco	*Légendes & Doïnes.*	1 vol.
Alfred Ruffin	*Premiers Regards*	1 vol.
Louis Salles.	*Les Amours de Pierre & de Léa.*	1 vol.
Louisa Siefert.	*Les Rayons perdus.*	1 vol.
— —	*Les Stoïques.*	1 vol.
Armand Silvestre. . . .	*Les Renaissances.*	1 vol.
Sully Prudhomme. . . .	*Les Épreuves.*	1 vol.
— —	*Stances & Poëmes.*	1 vol.
— —	*Les Solitudes.*	1 vol.
André Theuriet.. . . .	*Le Chemin des bois.*	1 vol.
Paul Verlaine.	*Poëmes saturniens.*	1 vol.
Charles Woinez. . . .	*La Guerre des fourmis.*	1 vol.
*****	*Posthuma.*	1 vol.

PRIX DIVERS :

Le Parnasse contemporain (1866). Recueil de poésies inédites des principaux poëtes de ce temps. 1 vol. grand in-8°, papier vélin.	8 »
Le Parnasse contemporain (1869); Recueil de poésies inédites des principaux poëtes de ce temps. 1 vol. grand in-8°, papier vélin.	10 »
François Coppée. *Intimités.* 1 vol. in-18.	1 50
Charles Coran. *Dernières Élégances.* 1 vol. in-8°	6 »
Albert Glatigny. Poesies complètes (*Les Vignes folles.— Les Flèches d'or.— Le Bois*), un beau vol. in-18, papier teinté.	5 »
Louisa Siefert. *L'Année républicaine.* 1 vol. in-18 jésus.	1 50
Édouard Grenier. *Séméia*, poëme. Broch. in-18.	» 75
Albert Mérat. *L'Idole.* 1 vol. in-12 couronne, imprimé sur papier vergé.	2 »
Albert Mérat & Léon Valade. *Intermezzo*, traduction nouvelle, en vers. 1 vol. in-18.	1 50
Paul Verlaine. *Fêtes galantes.* 1 vol. in-12 couronne, papier vergé	2 »
Paul Verlaine. *La Bonne Chanson.* 1 vol. in-12 couronne, papier teinté.	2 »
F. Barré. *Poésies pour Alceste.* 1 vol. in-12 couronne, papier vergé.	2 »
Emile Grimaud. *Chants du bocage vendéen.* 1 vol. in-18, illustré de 7 eaux-fortes par M. Octave de Rochebrune.	6 »

Bibliothèque dramatique.

Volumes format in-16,
imprimés en caractères elzéviriens, avec fleurons
& culs-de-lampe.

JEAN AICARD

AU CLAIR DE LA LUNE, comédie en un acte, en vers. 1 »

THÉODORE DE BANVILLE

FLORISE, comédie en quatre actes, en vers. . . . . . . 1 »

FRANÇOIS COPPÉE

LE PASSANT, comedie en un acte, en vers. 23e édition. 1 »
DEUX DOULEURS, drame en un acte, en vers. 9e édition. 1 50

JEAN DU VISTRE

FLAVA, drame en un acte, en vers . . . . 1 »

ALBERT GLATIGNY

LE BOIS, comédie en un acte, en vers. . . . . 1 »
VERS LES SAULES, comédie en un acte, en vers. . . . 1 »

LÉON SUPERSAC

ARLEQUIN & COLOMBINE, comédie en un acte, en vers. 1 »

AUGUSTE VILLIERS DE L'ISLE-ADAM

LA RÉVOLTE, drame en un acte, en prose. . . . . . . 1 »

En préparation :

ANDRE THEURIET

JEAN-MARIE, drame en un acte, en vers. . . . . . . 1 »

Bibliothèque contemporaine.

Volumes in-18 jésus, imprimés sur beau papier vélin.
Chaque volume, 3 fr.

FIDELIO ARTHUS. *Inès Angelos* . . . . 1 vol.

CHARLES ASSELINEAU. *Charles Baudelaire, sa vie & son œuvre.* 1 joli vol. in-18 jésus, orné de 5 portr. gravés à l'eau-forte. 1 vol

— *L'Italie & Constantinople* . . . . 1 vol.

ARTHUR DE BOISSIEU. *Lettres d'un Passant.* 1re série (en réimpression). . . . . 1 vol.

— *Figures contemporaines.* 2e série des *Lettres d'un Passant* . . . . 1 vol.

— *Les Vivants & les Morts.* 3e série des *Lettres d'un Passant* . . . . 1 vol.

LOUIS COLLAS. *Le Récif des Triagos* . . . . 1 vol.

ALFRED DESSOMMES. *Jacques Morel* . . . . 1 vol.

— *Femme & Statue* . . . . 1 vol.

CHARLES GÉRAUD. *Le Livre de Jeanne* . . . . 1 vol.

THÉOPHILE GAUTIER. *Ménagerie intime* . . . . . . 1 vol.

CHARLES JOLIET. *Le Médecin des Dames* . . . . . 1 vol.

— *Romans microscopiques* . . . . 1 vol.

— *Les jeunes Mariés* . . . . 1 vol.

— *Une Reine de petite ville* . . . . 1 vol.

LAURENT-PICHAT. *Commentaires de la Vie* . . . . . 1 vol.

LUCRÈCE. *De la nature des choses* (1er livre), traduit en vers & précédé d'une Préface par Sully Prudhomme. . . . . 1 vol.

CATULLE MENDÈS. *Histoires d'amour* . . . . 1 vol.

JUDITH MENDÈS. *Le Dragon impérial* . . . . 1 vol.

ERNEST PUJOL. *Paul Durand* . . . . 1 vol.

ALFRED DE TANHOUARN. *Contes athéniens* . . . . . 1 vol.

ANDRÉ THEURIET. *Nouvelles intimes* . . . . 1 vol.

PARIS. — J. CLAYE, IMPRIMEUR, 7, RUE SAINT-BENOIT. — [1130]

www.ingramcontent.com/pod-product-compliance
Ingram Content Group UK Ltd.
Pitfield, Milton Keynes, MK11 3LW, UK
UKHW012100240726
13965UKWH00004B/1439

9 782013 071925